FACULTÉ DE DROIT D'AIX

THÈSE
POUR LA LICENCE

Par Théophile ALIBERT

De TOULON (Var)

> La Justice est l'égide conservatrice de l'édifice social... sa devise : *Cuique suum*, est aussi la devise de la civilisation.
>
> Bon ALIBERT.
> *(Physiologie des Passions.)*

TOULON

TYPOGRAPHIE, LITHOGRAPHIE ET LIBRAIRIE Ch. MIHIÈRE & Cie

56, BOULEVARD DE STRASBOURG, 56

1875

FACULTÉ DE DROIT D'AIX

THÈSE
POUR LA LICENCE

Par Théophile **ALIBERT**

De **TOULON** (Var)

> La Justice est l'égide conservatrice de l'édifice social... sa devise : *Cuique suum*, est aussi la devise de la civilisation.
>
> D⁰ⁿ ALIBERT.
> *(Physiologie des Passions.)*

TOULON

TYPOGRAPHIE, LITHOGRAPHIE ET LIBRAIRIE CH. MIHIÈRE & CIE

56, BOULEVARD DE STRASBOURG, 56

1875

A   MES   PARENTS

———

A   MES   PROFESSEURS

———

A   MES   AMIS

———

SOMMAIRE :

DROIT ROMAIN

DE DUOBUS REIS CONSTITUENDIS

(Digeste : Livre 45, Titre 2.)

Has tripartitas divisiones adoptavimus : 1º Generales Dispositiones;
2º De reis stipulandi; 3º De reis promittendi.

GENERALES DISPOSITIONES

Ex tribus pactis verbis stipulatio, obligationibus contrahendis, maximè est
solita.

Stipulatio, sic a Paulo definitur : « Verborum conceptio ad quam quis
congrué interrogatus respondet. » Stipulationes igitur, interrogatione et res-
ponsione contrahuntur. Ex hoc more ducendœ obligationis duœ proficiscuntur
actiones : tam *condictio* si certâ, tam *ex stipulatu* si incertâ re agatur.

Pristino jure, congruenter ad interrogationem respondere necesse erat; hœc
solemnia verba solmumodò admittebantur : « Spondes, spondeo ; promittis,
promitto ; fidepromittis, fidepromitto ; facies, faciam ; dabis, dabo ; fidejubes,
fidejubeo? » Posteà, Leonis imperatoris constitutione, solemnia verba su-
blata fuerunt. De hâc enim materie, sic scripsit Leo : « Omnes stipulationes

etiamsi non solemnibus vel directis, sed quibuscumque verbis consensu contrahentium compositœ sint, vel legibus cognitœ, suam habeant firmitatem. » Indé, videtur, nihil interesse utrùm latinâ vel quâ aliâ linguâ stipulatio concipiatur, dummodò verborum expressorum stipulantes intellectum habeant. Si quis alteri stipulatus sit, inutilis est stipulatio, nisi pœnam conveniat.

DE REIS STIPULANDI

Ex duobus reis interrogatis, cui respondetur reum stipulandi appellant. Nec necesse in respondendo stipulanti, omnia quœsita repeti, non dubia sit contrahendi voluntas rei promittendi sufficit.

Qùum duorum reorum promittendi alius sub conditione, alius puré obligatur, haud impedimento erit conditio quominus ab eo qui puré obligatus est, petatur.

Obligationes in solidum observandum est,. non tantùm pactis verbis sed et cœteris contractibus etiam fieri.

Etenim, si eamdem apud duos rem deposui, utriusque fidem secutus sum, tùnc justum videtur illi promittendi correi fiant. Constituuntur etiam correi promittendi : Re, verbis, consensu et testamento. Obligationes in solidum pariunt quoque, emptio, venditio, locatio, conductio, depositum, commodatum et testamentum.

Nunc quœ stipulantium solidœ obligationes consequentia gignunt exponendum est : 1º In solidum debitum et partes etiam a quolibet correorum peti possunt; 2º sufficit una solutio ; 3º ex pluribus stipulandi reis, si unus acceptilationem fecerit, liberatio contingit in solidum; 4º unus ex reis credendi, lite contestatâ, perimit jus alterius; denique, in duobus reis stipulandi, ab uno delatum jusjurandum alteri nocet.

Tùm, qui sunt rei promittendi videamus :

DE REIS PROMITTENDI

Qui in stipulatione promittunt rei promittendi a lege dicuntur : Cùm igitur, duo rei eamdem promittunt summam, ipso facto, singuli in solidum debent.

Parvi refert, duobus reis interrogatis, simùl spondeant an separatim promittant, cùm hoc actum inter eos sit, ut duo rei promittendi constituantur.

Nec enim vitiatur duorum reorum constitutio, si priùs unius contrahitur obligatio, posteà alterius. Recté obligantur duo rei si modicum est intervallum temporis intrà quod uterque respondeat. Quandòque, duobus reis stipulandi interrogantibus, reus promittendi uni interroganti solummodò respondeat, in solum tenebitur.

In verbis obligationibus sciendum est, hanc non posse sententiam in controversiam venire ut : nemo alteri stipulari possit. Si quis tamen alii stipuletur, cùm ejùs interesset, placuit stipulationem valere.

Verùmquidem, nemo est qui nesciat hujus modi obligationes, pœnali clausulà tegente, valeant.

Filii familias et servi utiles stipulationes sunt, sed illarum beneficium emolumento erit his qui in suam potestatem servos et filiosfamilias habent.

Adhùc, personis quibus lex contrahendœ obligationis facultatem dedit solùm tractavimus ; nùnc qualia sunt onera et emolumenta quœ in personas illas incidunt considerandum est.

Et primùm, illud principium ponemus : nisi stipulatur non exstat in contractibus soliditas. Sed plura sunt facta quibus, invitis nobis, obligationes generantur in solidum :

In deposito et commodato, quum eamdem rem duo acceperunt, singuli in solidum rem acceptam debent ;

Ex gestionis quoque factis, tutores, quasi ex contractu, in solidum erga pupillos tenentur ;

Item, cùm ex delicto duorum manabit obligatio, quisque in solidum solvere cogi poterit.

Si plures denique fecisset testatos intitutos, quasi si duo rei obligati fuissent in solidum ad rerum legatarum prœstationem hœredes obligabuntur.

Nunc, obligationis in solidum onera et emolumenta enumeranda sunt :

Pro suà parte et pro toto debito, singuli tenentur correi debendi ;

Si semél unus solvat, omnium obligationem perimit; alterius mora alteri non nocet, nisi correi socii sint; at, unius factum ad obligationem conservandam sed non ad augendam, alteri nocebit; disparitas rei debitœ in solidum constitutionem reorum promittendi impedit; si quis correorum suam partem a creditoribus remissam esse enuntiet, ut nemo facilé prœsumitur donare, remissio probanda erit.

Attamen, ut faciliùs obligationes tollantur, cuique creditorum suo juri renuntiandi facultatem relinquere, placuit.

DROIT CIVIL

DES DIFFÉRENTS PRIVILÉGES SUR LES MEUBLES

ET DE LEUR RANG

(Articles 2,005 à 2,097 et 2,100 à 2,102.)

DISPOSITIONS GÉNÉRALES.

Le privilége est un droit que la qualité de la créance donne à un créancier d'être préféré aux autres créanciers, même hypothécaires, d'un débiteur. On entend par *qualité* de la créance, la cause ou la circonstance qui la rend digne de faveur auprès du législateur.

Les motifs du privilége accordé par la loi à certaines créances tiennent à des considerations d'équité, d'humanité, d'intérêt général ou encore à la constitution tacite ou expresse d'un gage.

Tous les priviléges sont de droit étroit; la loi les énumère limitativement ; ils sont complètement indépendants de la convention des parties, sauf exception pour le contrat de *gage.*

Entre les créanciers privilégiés, la préférence se règle par les différentes qualités des priviléges sans tenir compte de leur date : c'est la règle contenue dans ce principe de droit romain : *ex causâ non ex tempore privilegia œstimantur.* En conséquence de ce principe, les priviléges qui procèdent d'une cause identique, quoique nés en des temps différents, viennent au même rang et doivent être payés par concurrence entre eux.

DIVISION DES PRIVILÉGES.

Le Code divise les priviléges en trois classes, qui sont :

1º Les priviléges généraux sur les meubles et subsidiairement sur les immeubles ;

2º Les priviléges spéciaux sur certains meubles ;

3º Les priviléges spéciaux sur certains immeubles.

Nous limiterons notre sujet, conformément à la question que nous avons à traiter, aux priviléges généraux et spéciaux sur les meubles.

PRIVILÉGES GÉNÉRAUX SUR LES MEUBLES.

Les créances privilégiées par la loi sur tous les meubles d'une personne et subsidiairement sur tous ses immeubles, sont énumérées dans l'article 2101 du Code civil. Elles sont au nombre de cinq : ce sont les frais de justice, les frais funéraires, les frais de la dernière maladie, les salaires des gens de service, les fournitures de subsistances.

Ces priviléges s'exercent dans l'ordre d'énumération adopté par le Code.

— Frais de justice. — Ce sont les dépenses faites dans l'intérêt commun des créanciers pour constater, conserver les biens du débiteur, les transformer en argent et en distribuer le prix : tels sont les frais de scellés, d'inventaire, de saisie, de vente et d'enregistrement.

— Frais funéraires. — Le privilége que la loi a introduit en faveur des frais funéraires repose sur le double intérêt de la décence et de la salubrité publique. Il comprend les dépenses faites pour l'ensevelissement du corps du défunt, la cérémonie religieuse qui l'accompagne et l'achat d'un tombeau. Si ces dépenses étaient exagérées, elles seraient réduites à celles que comportait la position sociale occupée par le defunt.

On a posé la question de savoir si le privilége des frais funéraires devait être restreint aux dépenses nécessitées par les funérailles du défunt ou s'il devait être étendu aux funérailles qu'il avait commandées, de son vivant, pour ses parents ou ses amis. La solution de cette question divise les Jurisconsultes.

— Frais de la dernière maladie. — Les frais de la dernière maladie du débiteur comprennent les sommes dues aux médecins, pharmaciens et garde-malades. L'étendue de ce privilége a donné lieu à des opinions contradictoires. M. Valette, s'appuyant sur l'autorité de Pothier, le restreint aux frais de la maladie dont le débiteur est mort. MM. Duranton et Bugnet, le généralisant, l'appliquent de plus aux dépenses occasionnées par la maladie qui a précédé la faillite ou la déconfiture du débiteur.

— Salaires des gens de service. — Le motif de ce privilége est que les gens de service n'ayant ordinairement pour toute fortune que les gages qui leur sont dus, il importait de les garantir contre l'insolvabilité possible de leurs maîtres. La protection que la loi doit aux faibles et aux impuissants faisait au législateur un devoir de venir en aide à cette classe nombreuse de personnes. Ce privilége n'assure, toutefois, que le paiement des gages de l'année échue et ceux qui sont dus sur l'année courante.

Le Code de commerce en traitant des créanciers privilégiés dans les faillites a concédé un privilége aux commis et ouvriers qui louent leurs travaux, sans être attachés à une personne en qualité de domestiques.

Les ouvriers sont privilégiés pour un mois de salaire et les commis pour six mois d'appointements, pour le temps de leur travail qui a précédé la faillite de leur maître ou commettant.

— Fournitures de subsistances. — Par un motif d'humanité en harmonie avec le perfectionnement de nos mœurs, le Code donne, en dernier lieu, un privilége général aux marchands en gros et en détail pour les fournitures de subsistances faites au débiteur et à sa famille. Ce privilége s'étend pour les fournitures de détail aux six mois, et pour les fournitures en gros à l'année qui a précédé la faillite du débiteur.

PRIVILÉGES SPÉCIAUX SUR CERTAINS MEUBLES.

La loi énumère les priviléges spéciaux sur les meubles dans l'article 2102 du Code civil. Cette énumération n'emporte point classement comme pour les priviléges généraux.

Ces priviléges se rattachent soit à une idée de nantissement exprés ou tacite, soit au fait d'avoir mis ou conservé un objet dans le patrimoine du débiteur. On rattache à l'idée d'un nantissement exprés ou tacite : les priviléges du bailleur, du créancier gagiste, de l'aubergiste, du voiturier, des particuliers sur le cautionnement des officiers ministériels ; et au fait d'avoir mis ou conservé un objet dans le patrimoine du débiteur : les priviléges du conservateur d'un objet et du vendeur d'effets mobiliers.

— PRIVILÉGE DU BAILLEUR. — Dans le but de favoriser la location des immeubles, la loi accorde un privilége au propriétaire ou bailleur pour le paiement de ses loyers ou fermages, ainsi que pour l'exécution des clauses accessoires du bail. Ce privilége porte sur le prix de tout ce qui garnit la maison ou la ferme et sur les objets qui servent à leur exploitation. Son étendue varie s'il s'agit d'un bail à loyer ou d'un bail à ferme. Dans le cas d'un bail de maison, le propriétaire est privilégié sur tous les objets meubles ou autres, placés en évidence dans la maison louée et sur lesquels il a pu raisonnablement compter pour garantie de ses loyers. Il ne s'applique, d'après l'opinion générale, qu'aux objets *garnissants* ; il faut donc en excepter les titres, l'argent et les bijoux. Si le locataire a cédé son bail, le propriétaire pourra poursuivre les sous-locataires jusqu'à concurrence de ce qu'ils doivent au locataire primitif.

La location est-elle faite avec bail ayant date certaine, le privilége garantit le loyer des années échues et à échoir jusqu'à la fin du bail.

En cas de faillite du locataire, suivie de résiliation du bail, le privilége est restreint au loyer des deux dernières années échues et à celui de l'année courante. Si le bail n'a pas date certaine, le loyer d'une année à échoir, à partir de l'expiration de l'année courante, est seul privilégié.

Outre son privilége, le bailleur jouit encore d'un droit de *suite* sur les meubles enlevés de sa maison ou de sa ferme sans son consentement.

Le privilége du bailleur est primé par certaines créances que la loi lui préfère dans l'intérêt général.

— PRIVILÉGE DU CRÉANCIER GAGISTE. — Il consiste dans la faculté dont jouit ce créancier d'être payé de sa créance sur le prix de l'objet donné en gage, de préférence aux autres créanciers du débiteur.

— PRIVILÉGE DE L'AUBERGISTE. — L'aubergiste jouit d'un privilége sur les effets des voyageurs qui ont été transportés dans son hôtellerie pour le paiement des fournitures faites à ces voyageurs.

La loi lui donne un droit de préférence et un droit de détention sur ces objets. En retour de cet avantage, elle le considère comme un *dépositaire nécessaire* et le rend responsable des pertes et détériorations survenues aux effets déposés chez lui. Les fournitures faites au voyageur dans le voyage actuel, sont les seules qui donnent droit au privilége.

— PRIVILÉGE DU VOITURIER. — Il porte sur les objets voiturés eux-mêmes et sur les dépenses que leur transport a occasionnées. C'est en qualité de conservateur de la chose voiturée que la loi accorde un privilége au voiturier. Il le perd s'il se dessaisit des objets transportés avant d'avoir été payé de ses dépenses, ou d'avoir fait un acte conservatoire de son droit.

— PRIVILÉGE DES PARTICULIERS SUR LE CAUTIONNEMENT DES OFFICIERS MINISTÉRIELS. — Nous savons que les officiers ministériels tels que les notaires, avoués et huissiers fournissent un cautionnement proportionné à l'importance de leur charge, lequel répond des abus et prévarications qu'ils pourraient commettre dans l'exercice de leurs fonctions. On désigne en pratique sous le nom de *faits de charge*, les détournements que le cautionnement de ces officiers est destiné à prévenir.

— PRIVILÉGE DU CONSERVATEUR D'UNE CHOSE MOBILIÈRE. — Ce privilége s'exerce sur la chose conservée et non sur les autres biens du débiteur. Lorsque deux ou plusieurs personnes ont concouru à diverses époques à la conservation d'une même chose, le créancier le plus récent prime les créanciers qui le précèdent parce qu'il a conservé, le dernier, le gage commun à tous les autres.

— PRIVILÉGE DU VENDEUR D'EFFETS MOBILIERS. — La vente, étant le contrat le plus usité, avait besoin d'une protection toute spéciale de la part de la loi.

Aussi, le vendeur est-il garanti contre l'insolvabilité de l'acheteur par quatre droits différents qui sont : le droit de résolution, le droit de rétention, le privilége sur le prix de la revente, et enfin, le droit de revendication des objets vendus. Par l'action en résolution, le vendeur peut faire résoudre la vente pendant trente ans, et recouvrer la possession et la propriété de la chose vendue qui ne lui a pas été payée. Dans la vente d'effets mobiliers, elle a lieu de plein droit après l'expiration du délai fixé pour le retirement.

Le droit de rétention permet au vendeur au *comptant* de retenir la chose vendue jusqu'à parfait paiement de sa valeur.

Le privilége du vendeur sur le prix de la revente s'exerce tant que la chose vendue existe entre les mains de l'acheteur. Il s'éteint lorsque l'objet vendu est livré à un tiers.

Sous l'empire du Code civil, la vente étant translative de propriété par le seul effet de la convention, ne laisse plus au vendeur, qui s'est dessaisi de la chose qu'il pouvait retenir à titre de gage, que la faculté de se faire restituer le droit de *rétention* auquel il avait imprudemment renoncé. C'est par la revendication qui s'exerce sur simple ordonnance du président du tribunal, rendue sur requête, qu'il recouvrera ce droit.

Il n'est admis, toutefois, que dans les ventes au comptant et dans la huitaine de la délivrance.

CLASSEMENT DES PRIVILÉGES

Nous avons vu que les priviléges généraux de l'article 2101 s'exercent dans l'ordre d'énumération adopté par le Code. Lorsqu'ils concourent avec les priviléges spéciaux de l'article 2102, ces derniers leur sont préférés à cause de leur spécialité.

Toutefois, le privilége des frais de justice prime toujours les autres priviléges, parce que ces frais ont pour résultat de conserver le gage commun des autres créanciers.

PROCÉDURE CIVILE

DES AJOURNEMENTS

(ARTICLES 69 A 74 ET LOI DU 3 MAI 1862.)

Lorsqu'un différend s'élève entre deux personnes, la loi décide, pour éviter les procès, qu'elles peuvent le trancher elles-mêmes, à l'amiable, par une *transaction* ou en confier la solution à des tiers par un *compromis* ou *arbitrage*.

Si les parties renoncent à cette faculté de régler à l'amiable leurs droits litigieux, ou si la nature du litige ou leur incapacité légale les prive de cette ressource, le recours à la justice devient inévitable.

De tout temps, la sage maxime « mauvais accommodement vaut mieux que bon procès, » a été en honneur auprès des législateurs. L'Assemblée constituante et les auteurs du Code de procédure la prenant en considération, ont, en conséquence, décidé qu'avant de commencer un procès, le demandeur devrait appeler le défendeur en conciliation devant le juge de paix. Ce n'est qu'après l'essai infructueux de cet arrangement amiable que le demandeur peut saisir le tribunal de sa demande.

Deux moyens sont offerts aux parties pour soumettre une affaire à un tribunal, ce sont : l'ajournement et la requête.

L'ajournement est le mode le plus généralement employé, on peut le définir : un acte d'huissier signifié directement au défendeur pour l'avertir que le demandeur lui intente un procès.

Tout ajournement est fait en double par original et copie. Il est écrit sur papier timbré et enregistré. Il énonce le jour de sa date ; les noms du demandeur, du défendeur, de l'avoué constitué et de l'huissier ; l'objet et les motifs de la demande ; le tribunal compétent ; la personne à laquelle il est remis ; le délai pour comparaître et le coût de l'acte.

Toutes ces indications, sauf la mention du coût, sont prescrites à peine de nullité. L'Ajournement ainsi rédigé est remis, par huissier, à la personne du défendeur ou à son domicile.

En l'absence du défendeur, la loi autorise l'huissier à confier l'ajournement aux parents ou serviteurs du défendeur qu'il rencontre dans la maison ; à défaut de ces personnes, aux voisins ; sur leur refus, au Maire ou Adjoint de la commune, et, en dernier lieu, au procureur de la République.

L'huissier garde pour lui l'original de l'ajournement ou assignation et laisse la copie au défendeur.

Lorsque les personnes assignées n'ont pas de domicile connu en France, l'ajournement est remis au lieu de leur résidence actuelle ; si cette résidence est inconnue, une copie de l'exploit est donnée par l'huissier, après visa, au procureur de la République et une autre est affichée par lui à la porte du prétoire du tribunal saisi de la demande. La personne assignée habite-t-elle les colonies françaises ou un pays étranger ? l'huissier remettra encore l'ajournement au procureur de la République qui le fera parvenir à destination par l'intermédiaire du Ministre de la Marine ou des Affaires étrangères.

Si le défendeur est une *personne morale*, la loi fait connaître dans l'article 69 du Code de procédure civile, les diverses personnes chargées de recevoir l'assignation.

Seront assignés suivant les cas :

L'Etat, lorsqu'il s'agit de ses domaines, en la personne et au domicile du Préfet du département où siége le tribunal saisi de la demande ;

Le Trésor public, en la personne ou au bureau de l'Agent ;

Les Administrations ou *Etablissements publics*, en la personne ou au bureau de l'administrateur ou préposé ;

Le chef de l'Etat, pour les domaines de l'Etat, en la personne de l'administrateur de ces domaines ;

Les Communes, en la personne du Maire, et à Paris, du Préfet de la Seine.

Dans les cas ci-dessus énoncés, l'huissier fera viser l'original de l'ajournement par la personne qui recevra la copie.

Seront encore assignés, sans que la loi exige le visa de l'original :

Les Sociétés de commerce, tant qu'elles existent, en leur maison sociale ou en la personne de l'un des associés ;

Les Unions de créanciers, en la personne de l'un des syndics.

L'huissier répond des nullités de forme qui peuvent vicier l'ajournement ; il peut être condamné aux frais de l'exploit annulé, sans préjudice des dommages-intérêts que la partie lésée peut lui réclamer.

Le délai accordé à la partie assignée pour comparaître en justice est de *huitaine franche* si elle réside en France. Il est augmenté d'un jour par 5 myriamètres de distance entre le tribunal saisi et le domicile du défendeur.

Pour les personnes résidant à l'étranger, le délai de comparution est réglé, en tenant compte des difficultés de communication : il variait autrefois, sous l'empire du Code de procédure, de deux mois à un an ; il est aujourd'hui fixé de 1 à 8 mois par la *loi du 3 mai 1862.*

Cette loi accorde les délais suivants pour comparaître en justice :

Un mois, si la personne assignée demeure en Corse, en Algérie, dans les Iles-Britanniques, en Italie, dans le royaume des Pays-Bas et dans les Etats et Confédérations limitrophes de la France ;

Deux mois, si elle demeure dans les autres Etats de l'Europe et sur le littoral de la Méditerranée ou de la mer Noire ;

Cinq mois, si elle réside en deça du Cap-Horn et des détroits de Malacca et de la Sonde ;

Et huit mois, si elle réside au-delà de ces limites.

Ces délais sont doublés, en cas de guerre maritime, pour les pays d'outre-mer.

Si l'ajournement, destiné à une personne demeurant à l'étranger lui est remis en France, il n'emporte que les délais ordinaires, sauf au tribunal à les prolonger s'il y a lieu.

DROIT COMMERCIAL

DE LA REVENDICATION EN CAS DE FAILLITE

La revendication, en matière commerciale, est le droit accordé aux tiers de réclamer et de reprendre dans l'actif de la faillite de leurs débiteurs, les titres de créances, les effets de commerce et les marchandises qu'ils leur ont livrés à titre de dépôt ou de vente.

L'article 2102 du Code civil accorde un privilége au vendeur d'effets mobiliers non payés, pourvu que les objets vendus soient encore en la possession de l'acheteur. Lors, au contraire, que la vente a été faite au comptant, le vendeur peut revendiquer les objets vendus, encore en la possession de l'acheteur, à la double condition que cette revendication soit faite dans la *huitaine* de la livraison et que les objets vendus soient dans.le *même état* qu'au jour de la livraison.

Aux termes de l'article 550 du Code de commerce, le privilége et le droit de revendication accordés au vendeur, par le Code civil, ne sont point admis en matière de faillite avec les même modalités.

Cette différence entre le droit civil et le droit commercial repose sur cette idée de justice : qu'il importe au commerce que les marchandises possédées par un commerçant ne donnent point aux tiers une fausse idée de sa solvabilité.

En matière civile, la revendication n'a lieu que dans les ventes faites au *comptant* tandis qu'elle est admise, en matière commerciale, dans les ventes au *comptant* et à *terme*, aussi longtemps que les marchandises, sorties des magasins du vendeur, ne sont point entrées dans ceux de l'acheteur.

Le Code de commerce renferme 4 cas de revendication en matière de faillite.

1er Cas : *Revendication des propres mobiliers et immobiliers*
de la femme du failli.

La faillite du mari restreint considérablement les droits que la loi civile accorde à la femme mariée pour lui assurer la restitution de ses propres.

Cette restriction porte sur les reprises de la femme, sur son hypothèque légale et sur les avantages qu'elle a reçus par contrat de mariage.

Elle peut reprendre en nature — quel que soit son régime matrimonial — les immeubles qu'elle possédait au moment du mariage ou qui lui sont advenus, dans la suite, par succession, donation et testament.

Elle ne peut revendiquer comme propres les immeubles acquis par elle ou en son nom, qu'en justifiant par inventaire ou autre acte authentique, de l'origine des deniers et de la déclaration d'emploi dans l'acte d'acquisition.

Si la femme agit comme créancière du mari, en remboursement d'une dette qu'elle a payée pour lui, elle est présumée avoir acquitté cette dette des deniers du mari, sauf la preuve contraire.

Lorsque le mari était commerçant au moment du mariage, ou lorsqu'il l'est devenu dans l'année qui l'a suivi, l'hypothèque légale de la femme, en cas de faillite du mari, n'affecte plus tous ses immeubles présents et à venir. La loi restreint cette hypothèque aux immeubles qu'il possédait au moment du mariage et à ceux qui lui sont advenus postérieurement à titre de donation, succession ou testament.

L'hypothèque légale de la femme garantit la restitution de sa dot, le remploi de ses biens aliénés et le paiement des indemnités qui peuvent lui être dues.

La femme n'a point d'action contre la faillite de son mari à raison des avantages que ce dernier lui a faits par contrat de mariage. Elle est admise, lorsqu'elle est mariée sous le régime de la communauté, à revendiquer ses bijoux, son linge etc., pourvu que ces objets aient été stipulés propres au moment du contrat de mariage.

2e Cas : *Revendication des titres de créances et des effets de commerce.*

Le propriétaire des titres de créances et des effets de commerce remis au failli, peut les revendiquer contre la faillite, à la condition que ces titres et effets n'aient pas encore été payés à ce moment, et qu'ils existent en *nature* dans le portefeuille du failli. Il faut de plus que ces remises aient été faites au failli par le propriétaire, avec le simple mandat d'en faire le recouvrement, d'en garder la valeur ou de les affecter à des paiements déterminés.

Le caractère spécial de ces remises les empêche d'être confondues avec la masse des biens du failli. Toute remise d'effets de commerce faite au failli en compte-courant éteint le droit de les revendiquer.

3ᵉ Cas : *Revendication des marchandises déposées ou consignées pour être vendues.*

Le commerçant qui a déposé ou consigné chez le failli des marchandises destinées à être vendues, a le droit de les revendiquer contre la faillite, aussi longtemps qu'elles existent en nature, soit en totalité soit en partie. Lorsque les marchandises auront été vendues par le failli, le commettant exercera son droit de revendication sur le prix ou la partie du prix desdites marchandises qui n'aura été ni payée ni compensée en compte-courant entre le failli et l'acheteur.

4ᵉ Cas : *Revendication des marchandises vendues et non payées.*

Le droit commun donne au vendeur d'effets mobiliers une action en résolution de la vente, pour défaut de paiement du prix, au moyen de laquelle il rentre en possession de ces objets.

Le Code de commerce autorise aussi le vendeur à revendiquer les marchandises expédiées au failli et non payées par lui, à condition que ces marchandises ne soient pas entrées dans les magasins du failli ou du commissionnaire chargé de les vendre pour le compte du failli.

Le droit de revendication serait éteint si ces marchandises avaient été vendues par l'acheteur, avant leur arrivée, à un tiers de bonne foi, sur factures, connaissements, ou lettres de voitures signées par l'expéditeur.

Le vendeur qui exercera son droit de revendication devra restituer à la faillite les à-comptes reçus et les frais faits à l'occasion de la chose revendiquée.

Il faut ajouter au droit de revendication accordé au vendeur le droit de *rétention* qu'il peut exercer sur les marchandises vendues, même avec terme, et qu'il n'a ni délivrées ni expédiées au failli ou à un tiers pour son compte.

Les syndics peuvent, avec l'autorisation du juge-commissaire, exiger la livraison des marchandises achetées avant la faillite en payant au vendeur le prix convenu entre lui et le failli.

C'est devant les syndics que sont portées les demandes en revendication en cas de faillite ; ils les admettent définitivement avec l'approbation du juge-commissaire.

En cas de contestation sur la validité d'une demande en revendication, le tribunal de commerce, après avoir entendu le juge-commissaire, statuera sur le mérite du droit.

Quant aux demandes en revendication dont la cause est purement *civile*, elles seront portées, en cas de contestation, devant le tribunal civil, seul juge compétent des actions de droit commun.

DROIT ADMINISTRATIF

DE LA CONTRIBUTION FONCIÈRE

On désigne en général sous le nom de contributions, les cotisations annuelles mises à la charge des contribuables pour subvenir aux dépenses de l'Etat.

Avant la Révolution française, les impôts étaient établis par les Etats généraux et par la royauté ; aujourd'hui, ils ne peuvent être votés ou modifiés que par une loi, conformément au principe posé par l'Assemblée Constituante. Le Consulat a divisé les impôts en impôts *directs* et *indirects*. Les impôts directs sont divisés, à leur tour, en deux classes différentes, dont l'une comprend les impôts dits de *répartition* qui sont : l'impôt foncier, l'impôt des portes et fenêtres et l'impôt personnel-mobilier ; et l'autre, les impôts dits de *quotité*, tels que l'impôt des patentes, des voitures etc.

La contribution foncière est donc un impôt de répartition ; son assiette et son recouvrement sont réglés par la loi du 3 frimaire, an **VII**. Cette contribution frappe la richesse acquise et porte sur le *revenu net* des propriétés immobilières, bâties ou non bâties. La perception en est opérée au moyen d'un rôle nominatif distinct pour chaque propriété.

Le revenu *net imposable* qui sert de base à la contribution foncière est diversement évalué suivant la nature des propriétés à imposer.

Le Corps législatif vote chaque année la somme que doivent produire les impôts ; la part pour laquelle chaque individu doit ensuite contribuer à cette somme, résulte d'une série successive de répartitions qui sont faites entre les départements, les arrondissements, les communes et les habitants de chaque commune.

Ces opérations étant de la compétence administrative, il en résulte que les contestations qu'elles soulèvent sont attribuées aux autorités administratives.

Assiette de l'impôt foncier. — L'impôt foncier est perçu sur le *revenu net* des propriétés imposables. Il atteint donc le revenu seul sans frapper le capital.

Le revenu net des propriétés varie avec la nature de ces propriétés; ainsi, pour les terres labourables, les prairies et les vignes, sa détermination s'effectue en établissant un produit moyen avec les revenus de 15 années, les deux plus fortes et les deux plus faibles non comprises.

Le revenu des propriétés d'agrément est évalué sur le pied des meilleures terres labourables de la commune; celui des maisons d'habitation, sur la valeur locative de 10 années, sous déduction d'un *quart* de cette valeur pour dépérissement, frais d'entretien et de réparations. Quant aux usines, fabriques et manufactures, leur revenu est basé sur la valeur locative de 10 années, sous déduction d'*un tiers* de cette valeur à raison de leur dépérissement plus rapide et des frais plus considérables de leur entretien.

Tous les biens productifs de revenus sont soumis à l'impôt foncier soit qu'ils appartiennent à l'Etat, aux départements, aux communes; soit qu'ils appartiennent à des personnes morales ou à des particuliers.

Pour favoriser l'embellissement des villes, le développement de l'agriculture et la bonne distribution des eaux, la loi a établi des exemptions temporaires d'impôts dont la durée varie de 3 ans à 30 ans.

Les propriétés bâties ou reconstruites sont exemptées d'impôts pendant 3 ans. La cotisation des terres vaines et vagues que l'on plante en vignes, mûriers et arbres fruitiers ne peut être augmentée pendant 10 ou 20 ans selon la durée de leur délaissement; celle des marais desséchés ne peut non plus être augmentée pendant 25 ans. — Celui qui fait des semis ou des plantations de bois sur le sommet ou le penchant des collines, exempte sa propriété de tout impôt pendant 30 ans.

Le bénéfice de ces exemptions n'est toutefois accordé qu'aux personnes qui ont déclaré leur intention à la Mairie des propriétés à améliorer, et avant de commencer ces améliorations.

Du Cadastre. — Le cadastre, commencé en vertu de la loi du 15 septembre 1807, n'a été achevé qu'en 1852. Il contient l'état descriptif et estimatif de toute propriété distincte par son propriétaire ou son mode de culture.

Il est destiné à faire connaître la contenance et le revenu imposable de chaque parcelle de propriété.

Deux sortes d'opérations concourent à sa formation, ce sont : les *opérations d'art* pour déterminer la contenance de chaque parcelle et les *opérations administratives* pour fixer leur revenu imposable. Les opérations d'art comprennent : la *délimitation* de la commune, la *triangulation* de sa surface et l'*arpentage* de ses parcelles ; elles sont faites par des géomètres. Les opérations administratives consistent dans la *classification* des fonds, l'*évaluation* du revenu des classes et la *distribution* de ces fonds dans les classes ; elles sont confiées à des commissaires-classificateurs nommés par le conseil municipal assisté, en nombre égal à ses membres, des contribuables les plus imposés.

Le cadastre fait connaître le revenu imposable des propriétés foncières. Ce revenu étant connu, il ne s'agit plus que d'appliquer l'impôt et de le percevoir.

Recouvrement de l'impôt foncier. — Pour parvenir au recouvrement de l'impôt foncier, le Directeur des contributions directes fait dresser par ses agents, des *états de section* et une *matrice des rôles*. Les états de section énoncent, par portion de territoire, les parcelles de terre et le nom de leurs propriétaires. La matrice des rôles réunit, par lettre alphabétique, les noms des propriétaires de chaque section et groupe, sous leur nom, toutes les parcelles qu'ils possèdent dans les sections de la commune. Les rôles qui servent à la perception de l'impôt sont des copies de cette matrice.

Les impôts annuels que doivent payer les contribuables sont divisés en 12 portions égales, exigibles de mois en mois. Nul ne peut être contraint de payer au-delà des portions exigibles de ses contributions.

La loi du 3 frimaire, an **VII**, met à la charge des fermiers et locataires le paiement de l'impôt foncier en disposant, toutefois, qu'il sera définitivement supporté par le propriétaire, sauf convention contraire.

Elle déclare, en outre, les percepteurs responsables de la rentrée des impôts dont le recouvrement leur est confié. Le droit de poursuite de ces agents, contre les contribuables en retard de payer, se prescrit par le délai de *trois* ans.

Vu par *Le professeur, président de la thèse,*

Chevalier de la Légiou d'honneur,

GRELLAUD.

Vu et permis d'imprimer :

Le Recteur de l'Académie d'Aix,

Commandeur de la Légion d'honneur,

ZÉVORT.

www.ingramcontent.com/pod-product-compliance
Ingram Content Group UK Ltd.
Pitfield, Milton Keynes, MK11 3LW, UK
UKHW021711090726
13657UKWH00005B/2184